LA POLITIQUE

DES

HONNÊTES GENS

PARIS. IMPRIMERIE J. CLAYE ET Ce, RUE SAINT-BENOÎT, 7.

LA POLITIQUE

DES

HONNÊTES GENS

PAR

E. DE BEAUMONT-VASSY

Membre du Conseil général d'Indre-et-Loire

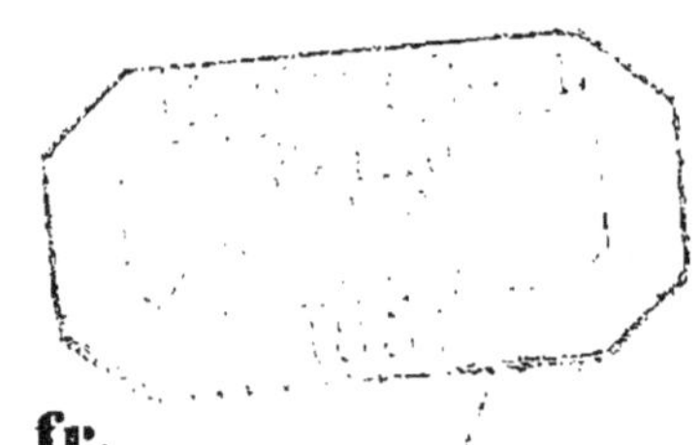

Prix : 1 fr.

PARIS : AMYOT, RUE DE LA PAIX

1854

LA POLITIQUE

DES

HONNÊTES GENS

I

Les derniers événements parlementaires, en aggravant la situation déjà si précaire du pays, ont, à notre avis, imposé de nouveaux devoirs aux hommes prévoyants et modérés, qui placent la France au-dessus des partis et ne veulent pas sacrifier à des intrigues le salut de la société, l'avenir de la patrie.

Nous n'hésitons pas à le dire, c'est, pour

les esprits honnêtes et désireux avant tout de la prospérité de notre pauvre France, le moment de rechercher, avec le zèle que donne toujours à un bon citoyen la conscience du devoir accompli, par quels moyens sérieux et pratiques il serait encore possible de parvenir à lui rendre deux biens qu'elle a perdus : le repos public et un bon gouvernement; tâche loyale, but honorable vers lequel doivent tendre instinctivement tous les cœurs droits et sincères; car nous ne pouvons plus nous le dissimuler : aujourd'hui le détestable socialisme semble attendre une proie certaine; toutes les bases fondamentales de la société sont ébranlées à la fois et la France marche à grands pas vers le plus sombre, vers le plus redoutable avenir.

A cette heure ses intérêts comme sa raison lui crient qu'une seule voie de salut lui reste encore : le prompt retour aux grands principes du respect de l'autorité, hélas ! trop méconnu depuis trente ans, et de la stabilité gouvernementale, stabilité que le commerce et l'industrie appellent, à bon droit, de tous leurs vœux, caressent en idée de leurs plus vives espérances, pendant que notre pays fait le rude essai d'une forme politique qui ne convenait peut-être pas à son génie, et dont l'expérience n'aurait jamais pu s'accomplir, quoi qu'on en dise, si les anciens errements d'administration gouvernementale n'avaient, en dépit des innovations socialistes, été courageusement maintenus, péniblement consolidés.

Nous sommes, pour notre propre compte, tellement convaincu, que c'est le droit comme le devoir de tout homme de bien de rechercher la vérité et de la dire en cet instant d'angoisse politique où chaque père de famille, où chaque industriel regarde avec terreur se rapprocher la redoutable échéance de 1852, que nous avons puisé dans notre conviction même le courage d'élever une trop faible voix pour adresser aux partis des paroles dont le seul mérite sera de refléter exactement la conscience qui les a dictées.

II

Si nous nous reportons au lendemain de
la révolution de 1848, ce passé d'hier, qui
semble déjà séparé de nous par un demi-
siècle, tant les souffrances et l'attente paraissent longues à un grand peuple, un fait
nous frappe tout d'abord :

La révolution de Février a surpris tous
les partis, mais surtout celui qui en a mo-
mentanément profité, et, certes, si la por-
tion sérieuse de ce parti des républicains de
la veille avait été consultée sur l'opportu-

nité de l'heure et du moment, il est histo-
riquement vrai qu'elle eût indéfiniment
ajourné une explosion dont elle redoutait
elle-même, à quelques points de vue, les
conséquences, si incertaines, en effet, et si
difficiles à prévoir. Mais les événements
marchaient plus vite que sa volonté et il lui
fallut suivre les événements.

Les deux fractions parlementaires qui
avaient fait et soutenu la révolution de 1830,
antagonistes pendant dix-huit ans, quoique
réunies dans une même pensée dynastique,
parurent également surprises de la cata-
strophe de Février, et cependant l'une des
deux avait inévitablement préparé, par ses
étroites et égoïstes combinaisons politiques,
la chute soudaine du trône de Juillet. Irri-
tée contre le pays qui avait commis l'im-
pardonnable crime de ne pas lui donner la

majorité dans le Parlement, elle avait voulu aborder à tout prix, même au prix d'une émeute, le terrain d'un pouvoir ardemment convoité, et l'émeute s'était tout à coup transformée en révolution. Elle aussi s'aperçut bientôt que les événements marchaient plus vite que sa volonté, et il lui fallut suivre les événements.

Restait la France, la France immobile de stupeur en présence de ces partis qui venaient de disposer d'elle, en face de cette révolution parisienne dont elle ne comprenait pas encore parfaitement le sens.

Rassurée par les courageuses paroles du grand poëte que le hasard des choses humaines avait soudainement placé à la tête de son gouvernement, la France pensa aux États-Unis, compta sur ses providentielles destinées et se fit sans trop de peine, mais aussi sans trop d'ardeur, républicaine du lendemain. C'est qu'elle n'avait pas encore entrevu le hideux socialisme caché derrière ce gouvernement provisoire dont elle acceptait si bénévolement les dévouements, réels pour la plupart, mais imposés à sa reconnaissance, et le jour où elle aperçut le redoutable fantôme fut un jour de défiance et d'épouvante.

Vinrent la tentative de mai et l'affreuse bataille de juin. Le voile était déchiré; mais l'ordre avait triomphé, grâce à l'union de tous ses défenseurs. La France respira plus librement et se livra de nouveau à l'espoir d'un meilleur avenir.

Alors elle vit sans trop d'étonnement, sans trop de colère le parti des banquets qui avait conduit au pouvoir les républicains de la veille se mettre à leur remorque et s'emparer de toutes les positions politiques que l'on voulait bien lui abandonner. Elle compta sur la modération de l'impuissance, et elle les accepta comme modérés.

Cependant un fait nouveau, imprévu, gros de conséquences et peut-être de conflits venait de surgir tout à coup à l'horizon politique : le prince Louis-Napoléon Bonaparte, l'héritier du plus glorieux des noms modernes, avait été envoyé à l'Assemblée nationale par plusieurs départements réunis dans une même pensée. Autour de ce nom des mouvements significatifs se produisaient et faisaient déjà pressentir une candidature à la présidence de la République. L'opinion départementale s'enflamma comme eût pu le faire une traînée

de poudre, et l'élection du 10 décembre,
cet événement immense, cet incident inex-
plicable pour tous ceux qui n'avaient pas
sérieusement étudié l'attitude du pays après
le 24 février, vint à l'heure marquée, au
jour providentiellement indiqué, ouvrir à
la France des perspectives nouvelles.

Le prince-président arrivait avec des intentions loyales; mais, longtemps exilé du
pays qu'il allait avoir à gouverner, il ne
connaissait pas bien les hommes politiques
qui envahirent aussitôt l'Élysée et le cir-
convinrent lui-même de tous côtés. Ces
hommes étaient ceux qui, par leurs impru-
dences, avaient amené la révolution de février; c'étaient ceux qui, dans l'élection
présidentielle, avaient voté pour le général
Cavaignac; c'était le parti des banquets qui
subissant une transformation nouvelle en-

tourait si bien le président de ses conseils,
l'enveloppait si complétement dans sa politique, que les véritables amis, que les partisans zélés, que les promoteurs ardents de
l'élection du 10 décembre étaient repous-
sés, méconnus, oubliés, et se retirèrent bientôt laissant le champ libre à ces ouvriers de
la dernière heure dont la majeure partie
n'avait dans le principe travaillé qu'à renverser l'édifice qu'ils étaient maintenant
officiellement chargés de consolider.

De la part du prince-président, c'était
peut-être là une grande faute, mais, dans
tous les cas, c'était une faute inévitable. Le
pays, d'abord surpris de revoir aux affaires
la plupart des hommes qui avaient formé
l'opposition si fatale au roi Louis-Philippe,
accepta encore une fois sur l'étiquette de
leur modération ces gouvernants qu'on lui

donnait, et, tout en souriant de les voir sous un régime nouveau, sous une forme politique qu'ils n'avaient pas voulue, arriver enfin au but de leurs ambitions les plus chères, il se fia à la sagesse vraisemblable de leur conduite ultérieure, car le bon sens populaire comprenait que leurs efforts se borneraient à jouer plus heureusement, comme cela se disait à une autre époque, le même air que ces ministres du roi Louis-Philippe dont ils avaient à tout prix voulu châtier la politique.

Et, en effet, la politique de cette période ministérielle fut, sous plusieurs rapports, beaucoup moins libérale que celle des dernières années du règne du vieux roi. Mais, ainsi que nous l'avons dit nous-même ailleurs, il arrive toujours que le plus farouche opposant de la veille devient le lendemain un furieux conservateur dès qu'il tient un portefeuille sous son bras.

Bientôt, du reste, un nouveau ministère qui, à quelques points de vue, valait mieux que le premier, fut appelé aux affaires par le prince-président, et, rompant ainsi avec la gauche dynastique de février 1848, Louis-Napoléon devint aussitôt le but de ses attaques.

Il n'entre à présent ni dans notre volonté, ni dans notre plan de retracer de point en point l'histoire des trois dernières années. On a suffisamment parlé des voyages du président, des divers discours qu'il a prononcés à cette époque, et surtout des fameuses revues de Satory. Le Gouvernement a fait des fautes, dit-on ; nous répondrons avec M. de Montalembert : « je pense que vous nous citerez un pouvoir qui n'ait pas fait de fautes, et jusqu'à ce que vous le citiez, je me permettrai de dire qu'il n'en existe pas;» et d'ailleurs les partis n'en ont-ils donc commis aucune? Leur attitude a-t-elle été, oui ou non, provocatrice durant la prorogation de l'Assemblée? Nous en appelons à la loyauté, à la bonne foi de tous les hommes qui ont à cette époque cédé à l'impérieux instinct de leurs regrets et de leurs souvenirs.

Le message du 12 novembre paraissait destiné à faire cesser toute hostilité entre le pouvoir exécutif et l'Assemblée; et pourtant, chose étrange, c'est à partir de la publication de ce document si remarquable, et qui a eu dans le pays un retentissement si prolongé, que la lutte a pris tout à coup un caractère inusité d'acharnement et de violence. Lutte

déplorable qui est venue tout à coup enfan-
ter ce que l'on est convenu d'appeler, ce
que l'histoire nommera la coalition de 1850,
tout en arrêtant le double essor du commerce et de l'industrie ; lutte à jamais re-
grettable, mais qui a produit un effet tout
opposé à celui que les partis en avaient
attendu, et cela par une raison bien simple
à notre avis :

Le pays s'était tout à coup aperçu que les
modérés n'étaient plus des modérés.

Si l'on avait besoin d'une démonstration
de la Providence, prise dans l'ordre des faits
politiques, ne la trouverait-on pas là tout
entière, et jamais la grande parole : « L'homme
s'agite et Dieu le mène », a-t-elle reçu une
plus évidente, une plus complète consécra-
tion ? Voilà un parti composé en majorité

d'hommes éminents, à divers titres, d'orateurs habiles, de grands stratégistes parlementaires, et tous les efforts collectifs de ces personnages si bien placés pour connaître et diriger l'opinion n'aboutissent qu'à un résultat, l'impopularité !

Mais ici, qu'il nous soit permis d'exprimer vivement tous nos regrets de voir un grand homme d'État mettre au service des partis cette haute intelligence, cet esprit fécond, cette éloquente et séduisante parole qui, depuis vingt ans, en avaient fait l'enfant chéri de l'opinion; de voir, disons-nous, l'homme d'État pour lequel nous avons toujours ressenti personnellement une irrésistible sympathie, renier tout à coup cette politique prévoyante qui, à la veille du 24 février, lui faisait dire avec tant de raison :
« Je ne veux pas de votre banquet, parce

que j'entrevois le bonnet rouge sous la table ; » et s'emparant du drapeau de la coalition de 1850, se placer à la tête d'une armée bien diversement recrutée pour engager cette campagne qui aboutira peut-être à la destruction de la société européenne. Heureusement il est temps encore pour les esprits d'élite , pour les cœurs vraiment patriotes de s'arrêter sur une pente dangereuse. Les partis passent ; la France reste. Cherchons donc dans les périlleuses circonstances où le pays se trouve engagé , quelle pourrait être , quelle doit être la politique des honnêtes gens de toutes les fractions de l'Assemblée. Il est bien entendu que , par une interprétation exclusive, nous ne voulons pas dire qu'en dehors de la nôtre, il ne puisse plus se rencontrer un honnête homme. Le titre de cet écrit n'a qu'une signification : nous avons voulu exprimer le désir de voir tous les honnêtes gens se rallier à la politique rationnelle et légale que nous allons essayer d'indiquer.

III

Assurément, la fusion dans un même intérêt politique des deux branches de la maison de Bourbon, le retour à l'hérédité légitime du trône et l'installation sur cette grande base historique d'un gouvernement constitutionnellement libéral, comme en Angleterre, eût été pour le pays un précieux gage de stabilité, une évidente garantie contre les révolutions futures. Au point de vue purement théorique, ce fait nous paraît incontestable.

Mais, dans la pratique, cette grande idée est devenue, quant à présent, d'une réalisation impossible.

D'abord la fusion ne s'est point opérée, et, prise à part, chacune des deux branches rencontrerait d'innombrables obstacles à la réalisation de ses espérances; ensuite, il faut le dire, l'opinion populaire n'est pas en ce moment favorable à un retour vers des tendances qui, bien à tort, sans doute, lui paraissent surannées, et qu'elle redoute parce qu'elles pourraient produire une révolution nouvelle. C'est le malade longtemps éprouvé et qui, sur son lit de douleur, repousse tous les remèdes qui pourraient lui causer une nouvelle secousse. On ne raisonne pas avec ces répulsions instinctives. Tout argument viendrait inutilement se briser contre le triple airain de l'opinion départementale, contre les préjugés des petits propriétaires ruraux, cette formidable milice du suffrage universel.

Que l'on parcoure nos provinces, que l'on interroge l'habitant des campagnes : imbu des idées fausses et calomnieuses que de mauvais esprits se sont efforcés de lui inculquer depuis longues années, si vous lui parlez de Henri V, il vous répondra : « Oh ! Henri V, c'est l'ancien régime ; ce serait peut-être le retour de la dîme et des droits féodaux, » sans se souvenir des années si belles et si fécondes en résultats matériels du gouvernement de la Restauration.

Parlez-lui du comte de Paris, de la régence, il vous dira : « Mais alors pourquoi a-t-on fait tomber Louis-Philippe ? Louis-

Philippe et la régence, c'est la même chose ;
à quoi pourrait nous servir le gouvernement d'une femme et d'un enfant en face
du communisme qui veut s'emparer de notre champ ? Nous voulons une autorité forte
et le repos. »

Et que l'on ne vienne pas dire que ces
deux appréciations ne sont pas d'une rigou-
reuse exactitude, non-seulement sur un
point de la France, mais dans l'immense
majorité de nos départements. L'opinion
parlementaire, celle des journaux, sont
parfaitement renseignées sur cette situation,
et personne, moins que nous, qu'on le
sache bien d'ailleurs, ne serait capable
d'introduire des faits évidemment faux dans
l'intérêt d'une cause qui n'est, après tout,
que la cause du pays lui-même.

Non, l'opinion des représentants dynas-

tiques qui siégent à l'Assemblée nationale,
celle des journaux monarchiques, sont,
nous le répétons, complétement éclairées
sur les dispositions de l'esprit public en
province. La tendance de l'électeur rural
est, sur ce point, d'une certitude incontestable, et il n'y a que les hommes qui trou-
vent habile de déguiser la vérité (comme si
la vérité pouvait être longtemps méconnue)
qui ne consentent pas à la confesser publi-
quement, entièrement et consciencieuse-
ment à cet égard.

Mais alors une autre question d'un intérêt plus vif encore, s'il est possible, se présente aussitôt à l'esprit et appelle une in-
vestigation scrupuleuse :

Si l'opinion publique en province ac-
cepte, quant à présent, avec peu d'empressement et même, ayons le courage de le

dire, avec une sorte de défiance les solutions qu'on lui offre au nom de l'une ou de l'autre des branches de la maison de Bourbon, est-ce donc que le pays est très-attaché aux institutions qui le régissent aujourd'hui? Serait-ce que la France est devenue très-républicaine depuis février 1848?

Nous l'affirmerions aux républicains de la veille qu'ils auraient eux-mêmes de la peine à nous croire.

La France qui n'avait point désiré le régime républicain l'a subi après avoir vainement essayé de le renverser par l'élection du 10 décembre (ceci est un fait désormais acquis à l'histoire), et elle ne le maintient que parce qu'elle redoute une commotion politique nouvelle. La France est devenue république par hasard, et elle n'est républicaine que par lassitude; encore est-ce à la condition expresse de ne l'être qu'à sa manière.

Eh bien, en présence d'une telle situation, n'est-il pas permis de venir demander aux partis une trêve du Seigneur pour le malheureux pays qu'ils ont réduit à cette condition singulière de n'oser vouloir et même de n'oser penser? N'est-il pas permis de leur indiquer la voie qui, seule, peut légalement permettre à la France d'exprimer sa pensée personnelle, de dire, en quelque sorte, son dernier mot sur l'avenir politique qu'elle entend se réserver?

Le plus impérieux des devoirs que le danger de la patrie, de la société tout entière puisse leur imposer, en ce moment vraiment décisif, la ligne de conduite que l'honnêteté leur trace, n'est-ce pas l'abnégation?

Aux partisans des deux branches de la maison de Bourbon, nous rappellerons la belle devise historique : *Pro rege sæpe; pro patriâ semper!* Et d'ailleurs, Mgr le comte de Chambord ne dit-il pas dans cette dernière lettre dont nous constatons avec empressement la noble et patriotique franchise : « Je respecte mon pays autant que je l'aime. » Tandis que, de son côté, madame la duchesse d'Orléans exprime bien haut au nom de son fils la volonté de n'écouter jamais que la voix de la France.

Aux républicains de la veille nous redirons ces sages paroles de l'un des leurs en 1792 : « J'aimerais mieux en appeler dix fois inutilement à mon pays, que de jamais agir de mon chef d'une façon qui pût lui être préjudiciable. »

Et ne voient-ils donc pas se former à

l'horizon provincial ce nuage d'opposition et de colères qui menace déjà l'Assemblée, précisément parce l'Assemblée a, dans ces derniers temps, voulu faire de l'omnipotence, et qu'il existera longtemps encore dans ce pays-ci un vieux levain de Fronde toujours prêt à rendre le pouvoir responsable de tous les malaises, de toutes les détresses ?

Aux nombreuses difficultés de la situation présente il n'y a, selon nous, qu'un seul remède efficace et honnête : l'appel d'une Constituante; c'est-à-dire le véritable appel au peuple.

L'année dernière, la question de la révision de la Constitution a été mal posée devant le pays et devant les conseils généraux, ses organes naturels. Une grande confusion régnait alors à cet égard dans l'opinion publique et dans la polémique des journaux qui influe toujours beaucoup plus que de raison sur la discussion des grands intérèts du pays. Voulait-on en venir à une proroga- tion des pouvoirs présidentiels? S'agissait-il d'engager l'Assemblée législative à réviser illégalement la Constitution , c'est-à-dire à la réviser en l'absence et sans le concours d'une Constituante? Voulait-on, au contraire, que cette révision se fît dans les formes lé- gales et dans les délais constitutionnels? Nous le répétons ; la question fut mal po- sée. Aussi, un assez grand nombre de con— seils généraux s'abstinrent-ils, et quelques- uns d'entre eux rejetèrent-ils la proposi- tion, tandis qu'au sein de presque toutes les assemblées départementales il se rencontrait des conseillers qui pensaient avec quelque raison que ce serait dépasser les limites de leur mandat que d'engager le pays dans les

hasards d'une solution aussi vaguement formulée.

Aujourd'hui, la position n'est plus la
même, et la question devient parfaitement
claire pour tout le monde.

Il ne s'agit plus d'une prorogation des
pouvoirs présidentiels. Les déclarations ca-
tégoriques du message du 12 novembre
n'ont laissé de place à aucune fausse interprétation en ce sens. Le prince-président
est un homme d'une loyauté trop incontestable pour que désormais ses intentions
puissent paraître douteuses, et lui-même a
indiqué très-nettement que, si l'on jugeait
nécessaire de reviser l'article de la Constitution qui le concerne, l'élection d'une Assemblée constituante devenait indispensable.

D'un autre côté, la division des partis

dans l'Assemblée ne peut plus faire suppo-
ser qu'une majorité s'y forme jamais pour
réviser illégalement le détestable code politique que l'on appelle la Constitution de
1848.

Reste donc la question purement et simplement légale de l'appel d'une Constituante
dans les délais voulus par la législation qui
nous régit encore : terrain honnète sur lequel tous les partis peuvent si loyalement et
si convenablement se réunir.

Nous n'ignorons pas que cette question
très-simple en apparence soulève tout à la
fois des objections et des difficultés pratiques. Nous allons examiner les unes et les
autres.

IV

Mais d'abord indiquons brièvement les points principaux sur lesquels devraient, à notre avis, porter les modifications que la Constituante serait appelée à introduire dans le pacte fondamental. On sait que les auteurs de la Constitution ont voulu qu'elle pût être revisée, non-seulement en partie, mais encore en totalité.

Nous placerons au premier rang la modification de l'article 45 relatif à la réélection du président de la République.

Il nous paraît absurde, nous l'avouerons naïvement, que lorsque le pays est satisfait du premier magistrat chargé de présider à ses destinées, il lui soit légalement interdit de prolonger ses pouvoirs de quatre années, c'est-à-dire de s'assurer, sans en venir à des voies révolutionnaires , le double bénéfice d'une administration pour laquelle il éprouve de la sympathie, et d'une stabilité passagère qui lui permette de s'occuper en toute sécurité de ses intérêts matériels,

Et à cette faible exigence de l'opinion publique , qu'est-ce que les partis pourraient trouver à redire? Les royalistes partisans de la fusion des deux branches de la maison de Bourbon ou exclusivement dévoués à l'une ou à l'autre ne s'entendent encore ni sur les moyens d'action, ni sur le but lui-même, Quant aux républicains, ils veulent apparemment conserver la forme républicaine, et c'est peut-être le seul moyen qui leur reste de la sauvegarder, ainsi que nous le dirons tout à l'heure.

Voici encore quelques autres modifications qui nous paraissent indispensables si l'on désire (et il en serait bien temps) rentrer dans les traditions d'une bonne et sérieuse administration de l'État. Nous les classons par ordre d'importance.

La révision de l'article 20 de la Constitution, c'est-à-dire l'adjonction d'une seconde chambre, d'un sénat, si on veut le nommer ainsi, à l'assemblée unique qui, placée en face du pouvoir exécutif, provoque ou subit les tiraillements que l'on a pu constater depuis trois ans, oscillations qui seraient inévitablement funestes à un gouvernement beaucoup plus fort que le nôtre, et qui par conséquent doivent entraîner dans un temps donné la ruine certaine de celui-ci. On a tout dit sur les graves inconvénients de cet antagonisme continu d'une assemblée unique et du président de la République. C'est pour un État la dissolution en permanence.

La suppression de l'article 69 qui attribue à l'Assemblée la nomination des membres du conseil d'État pour la rendre au pouvoir exécutif. Cette disposition n'est que la conséquence naturelle de la précédente.

Enfin l'introduction d'une disposition organique relative à l'Assemblée constituante chargée elle-même de reviser la Constitution.

Une des plus graves objections que l'on présente en ce moment contre l'idée de l'appel d'une Constituante est, en effet, celle-ci : on dit, et avec raison, que les élections répétées fatiguent le pays, émoussent l'ardeur électorale et produisent finalement le plus dangereux des résultats : la fausse interprétation des volontés du pays ; que trois élections successives, celle du président, les élections de l'Assemblée constituante et de l'Assemblée législative doivent infailliblement avoir cette conséquence fatale.

Nous voudrions donc qu'après avoir accompli sa tâche, l'Assemblée constituante devînt législative par le fait de la suppression de cent cinquante de ses membres, et, pour arriver à ce but, nous proposons purement et simplement le mode du tirage au sort tel qu'il se pratique pour le renouvellement par tiers des conseils généraux. Ainsi, afin d'en offrir un exemple matériel, nous supposons que la représentation d'un département à l'Assemblée constituante fût de huit membres, tandis qu'elle ne devrait être que de six à l'Assemblée législative; les huit constituants tireraient au sort dans une urne contenant six boules blanches et deux boules noires, et ceux qui amèneraient ces dernières cesseraient immédiatement de faire partie de la représentation départementale.

Ce n'est pas à quelques mois de distance seulement que l'opinion d'un département peut, surtout après l'expérience de trois années de république, pendant lesquelles chacun a exprimé hautement sa pensée, se modifier complétement à l'endroit des membres composant sa représentation, et l'expérience du passé est là pour prouver que ce mode de tirage au sort ne saurait avoir des inconvénients sérieux.

Nous abordons maintenant la grande difficulté matérielle soulevée par la disposition constitutionnelle ainsi formulée dans l'article 115 : « Lorsque dans la dernière année d'une législature, l'Assemblée nationale aura émis le vœu que la Constitution soit modifiée en tout ou en partie, il sera procédé à cette révision de la manière suivante : Le vœu exprimé par l'Assemblée ne sera converti en résolution définitive qu'après trois délibérations successives prises chacune à un mois d'intervalle et aux trois quarts des suffrages exprimés. »

Voilà, dit-on assez généralement, une vé-

ritable impossibilité matérielle, un insur-
montable obstacle. Comment espérer, en
effet, dans les circonstances actuelles, à la
suite de la coalition de 1850, que jamais
une majorité des trois quarts de ses membres puisse se former dans le sein de l'Assemblée, et surtout se reproduire trois fois
de suite ? Eh bien, nous avons, pour notre
propre compte, une meilleure opinion du
patriotisme de nos représentants, et si, par
une fatalité à jamais déplorable, l'esprit de
parti les dominait au point de leur cacher
les véritables intérêts du pays, nous en ap-
pellerions encore à leur intelligence politique et nous leur dirions :

Pensez-vous que l'attitude de l'Assemblée vis-à-vis du président depuis trois
mois ait été profitable au gouvernement
parlementaire ? Pensez-vous que l'affaire du

commissaire Yon, celle de M. Mauguin, et enfin cette énorme faute du refus de la dotation, aient popularisé l'Assemblée nationale dans ce pays si impressionnable et si prompt à s'irriter de tout ce qui lui semble une intrigue ou une injustice?

Croyez-vous, enfin, que personnellement et grâce aux attaques des partis, le président n'ait pas singulièrement gagné en popularité, en puissance, sur l'esprit des masses?

Si vous le pensez, nous n'avons qu'un mot à vous dire : Regardez autour de vous, mais en dehors de cette fausse perspective des salons de Paris qui, en 1848, faisait croire au succès de la candidature de M. le général Cavaignac à la présidence de la République.

Que vous demandons-nous après tout, si ce n'est de sauvegarder par la prudente adoption de l'appel d'une Constituante, la ruine inévitable et violente du gouvernement parlementaire et de la République, peut-être? Que vous demandons-nous, si ce n'est d'empêcher le pays de prendre une de ces déterminations de premier mouvement qui brisent tous les obstacles, renversent toutes les barrières et produisent inévitablement les cataclysmes politiques?

Oh! nous savons bien que les partis ont des candidatures toutes prêtes, parmi lesquelles il en est une que d'illustres services rendraient très-sympathique aux honnêtes gens si elle réunissait deux conditions indispensables : une notoriété suffisante et la popularité, car ce n'est pas tout que d'avoir fait de grandes choses militaires en sa vie, il faut encore avoir son portrait suspendu au foyer de toutes les chaumières.

Mais si les partis ont leurs candidatures plus ou moins controversées, le peuple des campagnes a la sienne. Elle est inévitable et son succès est certain. Il est d'autant plus assuré (et ici nous demandons qu'on réfléchisse mûrement à nos paroles) que cette candidature paraît aux yeux des masses réveillées par la révolution de 1848, une candidature révolutionnaire et que nous sommes toujours en révolution. Elle leur représente l'avenir, tandis que les autres leur sembleraient personnifier le passé.

Eh bien! il ne tient qu'à l'Assemblée nationale de régulariser une situation qui deviendrait forcément, violemment irrégulière, de rendre légale une solution qu'elle ne peut éviter. L'auteur du *Contrat social* a dit, et Grotius avait dit avant lui : « La volonté générale peut seule diriger les forces de l'État selon la fin de son institution, qui est le bien commun ; car si l'opposition des intérêts particuliers a rendu nécessaire l'établissement des sociétés, c'est l'accord de ces mêmes intérêts qui l'a rendu possible. » Principe éminemment applicable d'ailleurs dans un gouvernement républicain.

Enfin, si ces seules considérations n'étaient pas de nature à persuader les représentants du pays, nous leur dirions encore : En provoquant la violence, en rendant les conflits possibles et probables, ne songez-vous donc plus à ce grand ennemi social dont nous parlions en commençant cet écrit ? Avez-vous pensé qu'au jour des divisions il s'élancera sur le champ de bataille armé de toutes pièces, et aura peut-être alors trop beau jeu contre les théories purement politiques et les formules uniquement gouvernementales? Avez-vous bien réfléchi aux forces dont peut disposer dans nos trois plus grandes villes cet ennemi si implacable de notre société ébranlée? Et, pour ne parler que de Paris, ignorez-vous combien de braves ouvriers égarés par ce demi-savoir, plus nuisible quelquefois que l'ignorance elle-même, sont disposés à soutenir les doctrines socialistes qu'ils puisent dans leurs lectures habituelles? Combien d'entre eux sont classés et enrégimentés pour le vote, combien pour la propagande et combien pour la lutte armée?

Ah! si vous le savez comme nous, esprits éclairés et modérés de tous les partis, habiles orateurs, grandes intelligences parlementaires, hâtez-vous de vous rallier à cette politique que nous voulions caractériser, que nous croyons avoir bien nommée en l'appelant « la politique des honnêtes gens. »

E. DE BEAUMONT-VASSY.